Année N° 12

...nement Germinal

paraissant au moins une fois par mois

Le Prolétariat et la Guerre

DISCOURS DU CITOYEN JAURÈS

9 décembre 1905

GAND
SOCIÉTÉ COOPÉRATIVE « VOLKSDRUKKERIJ », RUE HAUT PORT, 29
1905

NÉCROLOGIE

En janvier 1906 est décédé le grand coopérateur anglais

George Jacob HOLYAKE

un de ses meilleurs ouvrages fut les

Pioniers de Rochdale

volume de 96 pages, édité par la *Volksdrukkerij*, que tous nos abonnés de GERMINAL devraient connaître.

Moyennant un envoi de 20 centimes nous expédions cette splendide brochure à nos abonnés.

Par quantité de 100 10 fr. franco de port

Deuxième Année N° 12

Abonnement Germinal

paraissant au moins une fois par mois

Le Prolétariat et la Guerre

DISCOURS DU CITOYEN JAURÈS

9 décembre 1905

GAND
SOCIÉTÉ COOPÉRATIVE « VOLKSDRUKKERIJ », RUE HAUT PORT, 29

1905

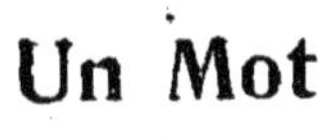

Un Mot

A l'heure où s'agite des deux côtés de l'Océan la question si grave, si étendue de l'arbitrage international, au moment où tous les gouvernements se passent le mot d'ordre pour augmenter leurs budgets militaires, — pendant qu'à la Chambre belge nos députés s'opposent à la folie des nouvelles fortifications, il est bon qu'une voix autorisée entre toutes, celle de notre vaillant lutteur Jaurès, confirme, devant le monde entier, l'amour du travailleur pour la paix universelle.

Nous assistons à ce singulier spectacle que seuls, les maudits révolutionnaires, les assassins, les bandits et les pétroleurs socialistes sont ceux qui combattent les fratricides et rêvent d'un monde idéal où la paix et le travail soient en honneur.

Jaurès, dans un discours magistral et puissant, à crié notre haine des gaspillages militaires, notre désir de grouper l'humanité entière dans une même fédération d'humaines consciences.

C'est ce discours que nous présentons aux lecteurs de Germinal.

Qu'on le lise et le relise.

Il est aussi riche d'idées que riche en beautés oratoires.

Le cœur tressaille quand on suit cette envolée superbe de nos plus chers espoirs, planant dans un ciel d'avenir rayonnant.

Jaurès a dit :

« Quelque débile que soit encore la force d'organisa-
» tion internationale des prolétaires, elle est pourtant à
» l'heure présente la *seule force* qui puisse faire obstacle
» au torrent de la guerre soudainement déchainée !... »

C'est pour faire grandir cette force, que nous supplions tous nos frères socialistes conscients, de répandre à fusion, partout, toujours, le superbe discours de notre camarade français

A. BOGAERTS.

Le Prolétariat et la Guerre

Le 9 Décembre 1905 eut lieu à la Chambre des députés à Paris une interpellation sur l'antimilitarisme et internationalisme du parti socialiste.

Zévaès répondit aux patriotards de la droite :

« On reproche aux socialistes de n'être pas patriotes. Rappelez-vous qu'au 4 Septembre, ils ont lancé au pays un appel empreint de patriotisme. Cet appel était signé de Blanqui et de ses amis. Et ce sont les descendants des hommes qui, sous la Révolution, faisaient appel à l'étranger, qui viendraient aujourd'hui nous accuser d'être le parti de l'étranger et nous donner des leçons de patriotisme!

Le droitier **Lasies,** après un discours absurde et maladroit, autant que haineux, conclut ainsi :

Le pacifisme de 1869 fut mortel à la France. Ne laissons pas les doctrines pacifistes actuelles lui préparer de nouveaux malheurs.

Je demande au gouvernement, non seulement de répudier ces doctrines, mais de rejeter le concours de ceux qui les prêchent.

C'est alors que **Jaurès** prit la parole et prononça le discours suivant :

C'est comme socialiste que je veux répondre aux interrogations pressantes, aux appels de quelques-uns de nos collègues.

La fédération des Etats de l'Europe.

Je ne comprends pas, je l'avoue, pourquoi on nous oppose l'exemple lointain de la Grèce antique. Si elle a péri, ce n'est pas parce que des idéalistes lui ont proposé la démocratie et la paix, ce n'est pas non plus parce que dans les cités grecques s'est développée la même lutte des classes qui s'est produite dans toutes les civilisations, c'est parce que de cité à cité, d'Etat à Etat, il y a eu les mêmes rivalités implacables et aveugles qui affligent aujourd'hui les Etats européens.

Démosthène a rappelé aux cités grecques qu'elles devaient sortir de cette sorte d'isolement, d'étroitesse et de jalousie, qu'elles devaient confondre le patriotisme athénien, le patriotisme spartiate, le patriotisme thébain dans le grand patriotisme hellénique ; et enfin, quand la ligne achéenne, reprenant le programme du grand orateur et du grand patriote s'est fondée sur une double idée, la démocratie à l'intérieur des cités et l'union, la fédération des cités entre elles, il était trop tard.

Ce programme de démocratie et de fédération que l'hellénisme a adopté trop tard, nous le reprenons pour l'appliquer à l'Europe d'aujourd'hui, pour lui demander de créér la ligue européenne contre les barbaries subsistantes et menaçantes, contre la misère, contre l'ignorance, contre les servitudes économiques, politiques et sociales.

Je ne recherche pas non plus si c'est le grand rêve de paix et de fraternité du christianisme primitif qui a rivé au joug les chrétiens d'Orient passifs et impuissants. Non, je ne veux pas rechercher ces origines lointaines. mais ce que j'ai le droit de dire par la leçon des évènements récents, par les faits où est engagée notre responsabilité à nous, c'est que si les chrétiens d'Orient ont été égorgés, c'est par l'effet des rivalités misérables des grandes puissances européennes ; ce sont les divisions de l'Europe, ce sont les querelles de l'Angleterre, de l'Allemagne, de la Russie, de la France, qui ont tenu les Arméniens sous le couteau du sultan, et c'est dans l'intérêt de la civilisation elle-même qu'à cette heure nous invitons de nouveau tous les peuples de l'Europe à faire un pacte d'union et de fédération.

Vous avez demandé si la crise qui s'est ouverte dans notre pays, en Europe, au mois de juin dernier n'avait pas été pour nous un avertissement et une leçon. Vous demandez si après l'émotion, après l'inquiétude qui s'est emparée du pays tout entier, *nous persistions dans notre propagande de paix et d'internationalisme*. Je vous demande en quoi les évènements qui se sont produits et qui se développent, nous conseillent d'y renoncer ou de l'atténuer ?....

La politique nationale des socialistes.

Cette politique, la politique socialiste, quelle est-elle ? Nous l'avons souvent formulée. Je puis la résumer par trois idées qui se complètent réciproquement et qui sont inséparables : la première c'est que nous devons porter au plus haut degré la puissance défensive de la nation. Ce que j'ai dit toujours, ce que les socialistes, dans cette enceinte, ont dit toujours, ce que le citoyen Vaillant précisait à cette tribune, dans la discussion de la loi militaire, je le répète ici et je m'étonne que vous paraissiez souligner comme une nouveauté, ce qui est l'affirmation constante de notre pensée et de notre politique. Je répète que notre premier souci, c'est de porter au plus haut degré la puissance défensive de la nation en mettant en harmonie l'institution militaire avec les conditions de vie de la démocratie républicaine, avec les conditions de croissance du prolétariat, afin que l'armée, confondue avec le peuple, *n'étant que le peuple même*, organisé pour sa défense et pour son salut, débarassée de tout esprit de caste et de tout esprit de classe, apparaisse à tous comme la gardienne de la patrie, c'est-à-dire *des libertés communes, et non pas comme la gardienne du privilège et du capital*,

En second lieu, ce que nous voulons, avec la même fermeté, avec la même force, c'est accroître tous les jours l'union, l'action des prolétaires de tous les pays, afin que le prolétariat de l'Europe, par son action collective et combinée sur tous les gouvernements, prévienne le plus possible l'explosion des guerres... (*Applaudissements*) et si elles éclatent malgré lui, réduise à l'impuissance d'un bout à l'autre de l'Europe les gouvernements criminels qui auraient déchaîné la tempête... (*Nouveaux applaudissements*), renverse un abominable système européen d'oppression et de désordre qui tient les sociétés sous la tyrannie de la concurrence anarchique, les peuples sous la tyrannie de la guerre. (*Applaudissements.*)

Enfin comme signe de cet esprit nouveau européen, comme préparation de cet ordre meilleur, nous voulons que le gouvernement de la République française propose à toutes les nations, pour le règlement des conflits qui peuvent surgir entre elles, *la pratique systématique et universelle de l'arbitrage international.* (*Applaudissements.*)

Et bien, après avoir ainsi défini la politique du parti socialiste, je demande en quoi les événements récents nous conseillent de la modifier.

Que s'est-il donc produit et que nous ont-ils donc appris ?

Les socialistes et la crise récente

L'Europe se croyant en paix, il n'y avait aucun peuple qui dans sa volonté générale et profonde nourrît une pensée de guerre.

L'empereur d'Allemagne dans je ne sais quelle cité rappelait les admirables vers d'un poète philosophe : La vie extérieure est toujours limitée ; il n'y a que la vie intérieure pour les nations comme pour les individus qui puisse recevoir un développement indéfini.

C'était la formule même du progrès humain dans la paix. Et le lendemain, le même empereur partait pour ce voyage de Tanger qui apparut comme le prologue d'un vaste drame européen.

Du côté de la France même surprise. Depuis des années, affirmation constante, loyale, sincère, universelle, d'une volonté de paix ; et cependant, par je ne sais quel cheminement inconnu du pays, on apprenait brusquement que des imprudences insoupçonnées nous avaient acheminés vers des possibilités de conflit. Et, pendant que France et Allemagne, toutes deux, à l'exception de quelques groupes infimes et négligeables, une caste de hobereaux là-bas, quelques excités ici, pendant que France et Allemagne apprenaient que, malgré leur volonté profonde, un risque de guerre s'était produit; une partie de l'aristocratie capitaliste anglaise se penchait sur cette possibilité de conflit, et les travailleurs de tous les pays d'Europe, les travailleurs de France, d'Angleterre, d'Allemagne apprenaient que la paix du monde, malgré leur volonté certaine, était à la merci de combinaisons obscures ou d'incidents imprévus.

Quelle a été la conséquence de cette alerte?

Ah! on a dit qu'elle avait reveillé en France surtout les énergies nationales; et il y a, en effet, depuis quelques mois dans le monde un magnifique redoublement de défiances et de soupçons entre les peuples, d'armements onéreux et funestes. L'Angleterre aurait à faire face à l'effroyable crise de chômage qui sévit sur sa classe ouvrière; elle est obligée de consacrer encore un budget formidable au maintien de sa primauté navale qu'elle croit menacée. En Allemagne, c'est un accroissement soudain du budget de l'Empire de 250 millions par année. En Erance, au moment où, dans nos séances du matin, nous discutons les lois sur les retraites ouvrières qui exigeront de grandes resources, c'est le renouvellement d'un vaste programme naval, ce sont des soucis de dépenses et de réfection pour la défense de la frontière; et lorsqu'ainsi, à la suite de ces événements la classe ouvrière d'Europe, meurtrie par tant de charges, et qui a un intérêt vital, essentiel, au maintient et à l'affermissement de la paix pour le développement de la justice, lorsque cette classe ouvrière s'aperçoit que dans le régime d'aujourd'hui, par la faute des dirigeants, par la convoitise des classes privilégiées (*Exclamations au centre et à droite. Applaudissements à l'extrême gauche*), la paix est menacée sans cesse, lorsquelle voit qu'elle aura à supporter sur son salaire, sur sa misère, dans sa chair même, les frais de cet état croissant et permanent de barbarie, comment voulez-vous qu'elle ne cherche pas, **par l'union des prolétaires de tous les pays**, par l'affirmation internationale de sa volonté de paix, comment voulez-vous qu'elle ne cherche pas à écarter ce péril et ce désastre? (*Applaudissements à l'extrême gauche.*) Elle sait, elle voit les causes profondes du danger, elle voit, dans l'Europe mal démocratisée encore, les survivances funestes et menaçantes d'autocratie; elle a vu, à l'Orient de l'Europe, des grands-ducs déchaîner le formidable conflit d'Extrême-Orient par leurs convoitises en Mandchourie et en Corée; elle voit, au Centre de l'Europe, une volonté hautaine et souveraine, qui n'est contrôlée que par elle-même, qui n'a commis encore contre la paix de l'Europe aucune faute décisive et irréparable, mais qui inquiète le monde par ses soudainetés.

Et en France même, dans ce pays où la démocratie est arrivée à la forme suprême de la République, le prolétariat constate que, sous le couvert du secret diplomatique, ont pu glisser, ont pu cheminer des desseins contraires à sa volonté de paix. Et, en même temps, la classe ouvrière constate que c'est l'antagonisme des intérêts dans le monde d'aujourd'hui, que c'est la lutte déréglée des grands possédants, grands financiers, grands marchands (*Exclamations à droite et au centre. Applaudissements à gauche*), incapables de se contrôler eux-mêmes et cherchant à occuper par la force du canon ces marchés qui ne devraient se disputer que par la science et par la liberté; le prolétariat s'aperçoit que là est la racine de tous les conflits qui menacent la sécurité du monde et la civilisation elle-même. Et alors il prend, il affirme la résolution d'user, d'un bout à l'autre de l'Europe, de toute sa force politique, sociale, pour en finir avec un régime détestable et déplorable qu'il ne suffit pas d'opposer à toutes ces forces de convoitise et de conflit je ne sais quel rêve idyllique et quel hymne impuissant à la paix. Le grand poète antique a invoqué, en une image grandiose, la lyre dorée dont l'harmonie endort, sur le sceptre de Zeus, l'aigle porteur de la foudre.

Cette invocation à la lyre apaisante et harmonieuse n'a jamais suffi, et le prolétariat, si souvent foudroyé, veut maintenant arracher son sceptre au dieu de l'orage et de la foudre; il veut arracher à l'autocratie et au capital leur puissance meurtrière et désordonnée... (*Applaudissements.*)

Le prolétariat et la guerre

Comprenez donc, vous tous qui gouvernez l'Europe, et qui pouvez déchainer sur elle la guerre et la tempête, à quelle épreuve, à quelle torture vous soumettez la conscience du prolétariat. Il y a, de plus en plus, une vie internationale.

Gladstone, disait que tous les trains qui franchissent la frontière, tissent la trame de l'universelle solidarité. Mais ce n'est pas un réseau purement matériel et mécanique qui se crée, c'est entre les travailleurs de tous les pays une communauté de sympathies profondes.

Ils souffrent des mêmes souffrances, ils travaillent à la même œuvre; d'un bout à l'autre de l'Europe ils préparent la même société, tous ensemble, d'une même espérance et d'un même effort, ils veulent abolir ce salariat, qui, suivant le mot de Chateaubriand, *est la dernière forme de l'esclavage*.

Ils se réunissent en de vastes Congrès politiques et corporatifs : mineurs de toutes les mines, tisseurs de tous les tissages; verriers de toutes les verreries, ils se rassemblent, ils s'organisent, ils mettent en commun et les misères d'aujourd'hui et les espérances de demain. Peu à peu, ils forment une même conscience, un même esprit, une même volonté, *une même patrie du travail opprimé et d'espérances sociales*. Tout à coup, un ordre de mobilisation part de Saint-Pétersbourg, de Paris, de Berlin, de Londres, de Vienne; le signal du combat est donné; le canon tonne, les frontières sont franchies; et tous ces hommes, qui étaient la veille, des frères qui s'embrassaient dans la même espérance, vous les obligez à se ruer les uns contre les autres; la chasse est ouverte, la chasse des hommes contre les hommes, et c'est la conscience même du prolétariat qui est la proie, c'est elle qui est divisée, c'est elle qui est dépecée, et la guerre jette à toutes ces meutes les lambeaux misérables de ce vaste cœur déchiqueté. Eh bien! c'est là ce que le prolétariat ne peut plus souffrir. (*Applaudissements.*)

C'est là ce qu'il ne peut plus souffrir sans une véhémente et décisive protestation. Prenez-y garde! Vous lui demandez bien plus que la vie; — si vous ne lui demandiez que la vie, et pour une grande cause, pas un instant, il n'hésiterait.

Ah! qu'on ne parle pas des tueurs de courage et des amollisseurs de volontés, le prolétariat, sans compter, a toujours donné sa vie dans les grandes batailles, pour les grandes révolutions humaines dont il ne pouvait espérer qu'un bénéfice lointain, pour l'indépendance même des patries où une suffisante part ne lui était pas faite, et même dans la paix, c'est lui qui s'expose tous les jours, les mineurs au fond des mines à grisou, les couvreurs au bord des toits vertigineux, tous, pour les œuvres fécondes, librement, joyeusement, familièrement, ils exposent leur vie tous les jours.

Ah! ne croyez pas que la grande pensée de paix, que la grande volonté de paix qui s'élève tous les jours plus impérieuse, de la classe ouvrière de l'Europe, procède d'une volonté débilitée; ce n'est pas le sacrifice de l'existence, c'est le sacrifice de ce qui est supérieur à toute existence. C'est le sacrifice de la conscience même, c'est le sacrifice de leur idéal même, c'est le sacrifice de la magnifique humanité de travail pour laquelle ils sont prêts à mourir, que vous leur demandez dans les guerres folles et fratricides que vous déchaînez témérairement. (*Applaudissements.*)

Voilà pourquoi ils luttent, voilà pourquoi ils protestent, voilà pourquoi ils s'organisent nationalement et internationalement.

Ne dites pas que c'est là une chimère, que la classe ouvrière européenne n'est point encore assez organisée pour lutter, toute ensemble contre les risques de guerre et que la France serait exposée à faire toute seule les frais d'une expérience pacifique, téméraire et prématurée. Ah! je sais que là est le grand problème et je ne peux, moi-même, relire, sans mélancolie, les paroles qu'écrivait Proudhon en 1863, dans son admirable livre de la *Capacité des classes ouvrières*. Il y disait : Je me garderai bien d'affliger d'un seul mot cette classe ouvrière qui, en Angleterre, en Allemagne, en France, travaille à prévenir toute guerre entre ces trois grands pays, je sais trop bien, par la dure leçon de l'histoire, qu'elle n'y a point réussi.

C'est là ce qui fait le drame de la vie humaine, de l'histoire humaine qu'à l'heure où des besoins nouveaux se manifestent, où des fonctions nouvelles apparaissent, et où l'humanité a besoin d'un organe régulateur et pacificateur, on ne soit pas sûr encore que cet organe soit créé avec une efficacité suffisante.

Pourtant si vous regardez de 1863 à 1905 le progrès de croissance et de conscience du prolétariat européen, vous serez obligés de reconnaître qu'il y a là une force d'équilibre et de paix sur laquelle heureusement les démocraties peuvent et doivent compter.

En Angleterre, la croissance des *trades unions* de 1863 à aujourd'hui a été formidable et l'influence de la classe ouvrière organisée s'y développe à ce point que, dans la majorité libérale de demain, les 40 ou 50 représentants prévus du comité ouvrier, seront un élément nécessaire, et nous savons par la volonté de paix que les délégués de la classe ouvrière anglaise sont venus formuler à Paris, en pleine tourmente. Que cette classe ouvrière anglaise sera en Europe une force de paix. Et dans cette Russie, où le peuple semblait enseveli à jamais dans ce que le grand écrivain russe a appelé *la puissance des ténèbres*, voyez avec quelle force, avec quelle efficacité, le prolétariat russe commence à revendiquer son droit à la liberte. (*Applaudissements*).

Cette Russie populaire, elle aussi, ne pourra se développer qu'en contribuant en Europe au développement de la paix.

Et dans cette Autriche-Hongrie, jusqu'ici somnolente, aristocratique et cléricale, vous voyez que c'est la classe ouvrière qui exige, qui conquiert le suffrage universel. Mais en Allemagne même c'est une sorte de lieu commun, de polémique dirigée contre nous, que tandis que nous, socialistes français, nous affirmons une volonté de paix et une politique internationale, les socialistes allemands sont obsédés, à leur insu, par une sorte de chauvinisme orgueilleux et que leur socialisme même a un caractère nationaliste.

Voilà ce que vous dites, voilà ce que nos adversaires nous répètent sans cesse. Et il me suffirait, pour réfuter ce sophisme, de vous rappeler que, tandis qu'ici vous nous signalez les socialistes allemands comme des modèles de patriotisme, c'est nous qui sommes signalés aux socialistes allemands, par les autorités de l'Empire, comme des patriotes sur lesquels ils feraient bien de se régler.

L'attitude des socialistes allemands

Mais de quel droit, dites-vous, la classe ouvrière allemande, le parti socialiste allemand n'agirait pas dès aujourd'hui en Europe, dans le sens de la démocratie et de la paix. Ah ! que leur puissance politique ne soit pas encore proportionnée à leur nombre, que dans cet Empire, où le suffrage universel n'a pas été conquis par le peuple, mais lui a été accordé de haut, l'influence politique du prolétariat socialiste ne soit pas proportionnelle au nombre de ses suffrages ; oui, à l'heure présente, je vous l'accorde encore, mais ce que vous devez reconnaître, ce que vous devez proclamer à cette tribune, c'est que toutes les fois que les rapports internationaux ont été discutés, toutes les fois que la paix de l'Europe a été en jeu, c'est pour la démocratie, pour la liberté des nations, c'est pour la paix générale que les socialistes allemands ont lutté avec un indomptable courage. Je ne devrais pas avoir besoin de rappeler que les chefs du socialisme allemand ont, en 1870, en 1871, affronté l'orgueil déchaîné d'un peuple vainqueur, pour lui rappeler la nécessité de la justice.

Je ne devrais pas avoir besoin de rappeler que, pour avoir protesté contre la conquête et l'annexion brutale Bebel, a été condamné pour crime de haute trahison, à deux années de forteresse. (*Applaudissements*).

Je ne devrais pas avoir besoin de rappeler que, depuis lors, contre Bismark, toutes les fois qu'il a demandé contre nous des crédits militaires, le peuple socialiste s'est élevé, a protesté, a dit : « Non ».

Les autres partis d'opposition, comme le centre catholique, n'ont fait qu'une opposition provisoire, qui leur a fourni avec l'Empire une occasion de marchandages. Et maintenant, ce sont eux qui prennent l'initiative des demandes et des votes de crédits. Mais il y a un parti qui est resté inflexible et intransigeant, un parti qui dit non au militarisme, non au budget de la guerre, non à l'armée, un parti qui, aujourd'hui encore, a entrepris, dans toute l'Allemagne contre les impôts nouveaux, aliment possible de guerres nouvelles, une vaste protestation et une vaste agitation : c'est le parti socialiste allemand dont nous sommes solidaires. (*Applaudissements*).

Et hier encore, il a été fait à M. de Bulow une réponse, la plus véhémente, la plus hardie, qui ait jamais été opposée à l'empire dans le Parlement allemand. C'est Bebel qui s'est dressé, il a protesté de la volonté pacifique de l'Allemagne à l'égard de la France, à l'égard de l'Angleterre ; il a signalé la colère croissante du peuple sous le fardeau croissant d'impôts, dont l'accable une politique de privilèges, d'autorité et de guerre, et ce discours que toute l'Allemagne a lu, que toute l'Europe aura lu demain, se termine par des paroles décisives dont je peux vous reproduire le texte littéral.

Bebel, sous les huées, sous les tempêtes, a dit au parti conservateur et au gouvernement de l'empire : « Prenez garde! le peuple est fatigué; l'heure est grave; l'ouvrier allemand, maté par la coalition des *junkers*, exploité par un budget croissant de guerre, l'ouvrier allemand est fatigué d'être un ilote. Réfléchissez; l'ébranlement révolutionnaire qui se produit en Russie a un retentissement dans la conscience de l'ouvrier allemand et il commence à se demander si les souverains de l'Europe centrale ne doivent pas être traités par le prolétariat comme l'on été les souverains de l'Europe orientale!! (*Applaudissements*).

Le patriotiste allemand des conservateurs

Bebel a conclu : Ecoutez un dernier avertissement. Jusqu'ici, l'ouvrier allemand a défendu toujours la patrie allemande; mais, si vous continuez à en faire une patrie de servitude, de privilèges et d'ilotisme, l'ouvrier allemand se demandera s'il vaut la peine, pour lui, de défendre cette patrie! (*Réclamations et mouvements divers au centre. Applaudissements à gauche.*)

Admirons le patriotisme international des conservateurs qui ont porté sur les socialistes allemands, affirmant leur foi internationaliste, l'indignation que jusqu'ici ils nous réservaient. (*Applaudissements à gauche*). Ah! nous avons maintenant le secret de votre colère patriotique. Jusqu'ici, vous nous disiez : « Oui, vous vous êtes livrés à ces rêves de paix, de démocratie, d'internationalisme et pendant ce temps, les prolétaires allemands consentiront à être, contre la France républicaine, les instruments de l'autocratie de l'empire. » Vous nous disiez cela, vous ajoutiez même : « Allez donc prêcher vos doctrines en Allemagne! » et le jour où il apparaît que nous n'avons pas besoin de les y prêcher, le jour où il apparaît que ce sont les socialistes allemands qui, malgré la force effroyable de compression dont dispose l'empire, malgré le souvenir des luttes atroces, des souffrances inoubliables subies pendant la longue période de l'état de siège bismarckien, lorsque les socialistes allemands se dressent là-bas et jettent en plein Reichstag le défi à la guerre, le défi au budget de la guerre, le défi à l'empire, oh ! le patriotisme devrait être rassuré, mais le conservatisme s'émeut et vous vous dites : que fera donc cette Europe? (*Applaudissements*).

Le prolétariat socialiste allemand, sous l'influence des événements, par des nécessités nouvelles, passe de plus en plus de la période de propagande, de recrutement et d'organisation à la politique d'action.

Pour la première fois, au Congrès d'Iéna, le prolétariat socialiste s'est rallié pour la défense du suffrage universel éventuellement menacé *à l'idée de la grève générale.* (*Applaudissements.*) Et en ce moment même, dans cette Saxe où il y a six ans, pour les élections au Landtag, le suffrage universel avait été arraché au peuple sans qu'il protestât, à l'heure présente, dans les rues de Chemnitz, de Dresde, par masse de 120.000 hommes, les ouvriers revendiquent la restitution du suffrage universel. C'est un souffle d'action, c'est un souffle de libération qui passe en ce moment sur l'Allemagne ouvrière et socialiste, comme sur toute l'Europe, qui viendra sur vous, qui est déjà venu sur vous et qui vous obligera à une œuvre sociale plus active et plus hardie. (*Applaudissements.*)

Et c'est à l'heure où le prolétariat socialiste de l'Allemagne affirme sa pensée internationale, sa volonté d'action, sa solidarité effective avec les travailleurs de tous les pays, que vous les dénoncez à la France comme des complices du nationalisme et du militarisme de l'Empire! Ce serait une illusion, si ce n'était pas un calcul.

La vérité est que, dès maintenant, d'un bout à l'autre de l'Europe, de Pétersbourg et de Moscou à Londres, par Berlin, une force ouvrière internationale se constitue, s'organise, qui peut devenir une garantie efficace de paix européenne et de progrès social. (*Très bien! très bien! à gauche. — Mouvements divers au centre et à droite.*)

Quelque obscur que puisse être encore, à l'heure présente, l'horizon, quelles que soient les difficultés possibles de demain, que nous n'avons jamais niées, que nous n'avons rien fait, nous, pour aggraver par des imprudences et par des fanfaronnades, que nous avons au contraire — nos plus grands adversaires seront obligés, dans l'histoire, de nous en rendre le témoignage — signalées, prévues, quand il était temps encore, quelles que puissent être ces obscurités et ces difficultés, j'espère que la paix sera maintenue.

Entre la France et l'Angleterre, il y a quelques années, les rapports étaient singulièrement tendus; ils l'étaient au moins autant qu'ils le sont à l'heure présente entre l'Angleterre et l'Allemagne; et pourtant, par la bonne volonté des deux pays, peu à peu, ces difficultés ont été réglées, ces antagonismes ont été apaisés et aux difficultés d'hier, aux hostilités d'hier, s'est substituée cette admirable entente cordiale que nous voulons maintenir dans la plénitude de son sens de liberté et de son sens de paix. (*Applaudissements.*)

Et si le conflit menaçant entre la France et l'Angleterre a été dénoué, pourquoi maintenant que l'attention du monde est éveillée sur tous ces périls, pourquoi le conflit, possible entre l'Angleterre et l'Allemagne ne serait-il pas prévenu?

Il y a quelques jours, dans un banquet donné à Londres par des Anglais amis de la paix à l'ambassadeur d'Allemagne, celui-ci a dit cette forte parole qu'entre l'Allemagne et l'Angleterre toute guerre serait « une criminelle folie ». Cette parole de la diplomatie, c'est le prolétariat anglais, c'est le prolétariat allemand qui la recueillent pour en faire une vérité avec la force et la volonté unanime des travailleurs de tous les pays...

Le président Roosevelt et l'arbitrage.

J'ai essayé jusqu'ici de définir à grands traits la politique internationale du socialisme. J'ai montré comment l'union, l'action croissante des prolétaires de tous les pays nous offraient une première garantie, une première espérance de paix.

J'ai ajouté qu'elle n'était pas la seule et que déjà, par la force irrésistible des idées, en dehors même du cercle tous les jours agrandi du prolétariat organisé, les intérêts et les consciences commençaient à s'émouvoir des épouvantables conséquences morales et matérielles de la guerre.

Le monde capitaliste, par son désordre essentiel, par l'antagonisme chronique de ses intérêts, porte en lui-même un principe de guerre; mais il est si divisé que la guerre ne répond jamais à l'ensemble des intérêts et que lui-même commence à s'inquiéter de cette insécurité permanente.

C'est dans ce sens que le président de la grande République des Etats-Unis intervient avec une insistance croissante pour demander aux gouvernements et aux peuples la substitution graduelle de l'arbitrage aux méthodes barbares de résolution des conflits.

On nous a souvent objecté par raillerie que jamais les différends ou les menaces de différends entre les peuples ne s'étaient aussi dangereusement développées que depuis que s'est développée la propagande pour la paix et pour l'arbitrage.

Il y a dans cette objection un singulier renversement des causes et des effets. C'est au moment où les nations, dans la période de 1863 à 1870 et dans la période présente, se sentent le plus menacées par la possibilité de conflits prochains, par le choc imminent et redouté des forces nationales, c'est à ce moment que, par un instinct de conservation, elles essayent précisément de développer les pratiques de paix, les pratiques d'arbitrage. Elles ne réussissent pas toujours, elles ne réussissent pas nécessairement à prévenir par là les conflits; mais il est singulier d'imputer à ces nécessaires tentatives d'arbitrage et de paix l'explosion des guerres qu'elles n'ont pu encore prévenir.

Le progrès général des idées et l'arbitrage.

On nous a dit encore : Ce sont là des choses anciennes et dont la stérilité est constatée. Un de nos collègues nous disait : Mais il y a vingt ans qu'il est question de ces choses !...

Mais que prouve ce long effort et l'inanité au moins apparente de ce long effort ? Est-ce que vous prétendez conclure de ces échecs répétés de la pensée de l'arbitrage qu'elle est vouée à une impuissance définitive ? Et c'est vous, hommes de l'évolution, hommes du progrès qui nous feriez cette objection ! Mais il n'y a pas à l'heure présente, dans le monde, une seule grande institution qui n'ait subi, avant de s'établir, avant de s'imposer, l'épreuve d'une longue période de préparation, d'une longue période d'impuissance apparente, l'épreuve d'échecs multipliés.

Lorsqu'en 1870, la République a été proclamée une troisième fois, c'était, j'imagine, après bien des éclipses, après bien des avortements. Eh bien, de même que la démocratie, de même que le suffrage universel, de même que la République, c'est-à-dire de même qu'un commencement de justice et de garanties entre les citoyens d'un même peuple a fini par s'établir contre tous les obstacles, à travers toutes les déceptions, de même l'arbitrage, la paix fondée sur le droit, c'est-à-dire la justice entre les peuples, après bien des tentatives manquées, après bien des avortements misérables, après bien des déceptions douloureuses, s'établira aussi ; car l'humanité ne progresse, en effet, que par étapes et à travers les douleurs. (*Applaudissements.*)

Et alors la question est de savoir non pas si, d'emblée, l'arbitrage s'est établi entre nations, non pas si, d'emblée, la raison a pu se substituer à l'arbitraire et à la force dans les rapports des peuples, mais la question est de savoir si, aujourd'hui, à l'heure où nous sommes, avec la responsabilité qui pèse sur nous, nous allons seconder ou contrarier les tentatives nouvelles d'arbitrage qui se produisent dans le monde. (*Applaudissements.*)

C'est le chef d'une grande nation, c'est le chef d'une grande démocratie qui en prend l'initiative et je persiste à déplorer que l'initiative ne soit pas venue de la France républicaine. (*Applaudissements.*)

Mais je vous demande, c'est la seule question posée, maintenant que l'initiative est prise solennellement par le président Roosevelt, maintenant que la France va être convoquée avec toutes les nations à une nouvelle conférence de La Haye, qui aura à son programme l'arbitrage, un traité d'arbitrage universel en vue de la paix et de l'arrêt de la croissance des armements, quelle réponse allez-vous faire? C'est là ce que je demande au gouvernement. C'est ce que je demande aussi aux partis qui affectent de railler notre idéal.

Allez-vous répondre à cette convocation par une sorte de scepticisme railleur et de défiance outrageante, ou allez-vous vous associer à cette tentative en collaborateurs de bonne volonté et de bonne foi?

Si vous ne le faites pas, et s'il est entendu que vous n'avez qu'ironie, d'une part, pour la tentative d'organisation et d'action des prolétaires de tous les pays; d'autre part, pour la tentative d'arbitrage qui vient de la République américaine, quel recours, vous restera-t-il contre le déchaînement des guerres et quelle espérance aurez-vous jamais de mettre un terme, ou à ces conflits barbares, ou à cet état de paix armée qui est presque aussi barbare et aussi accablant que la guerre elle-même? (*Applaudissements*).

Et si vous continuez à vivre dans cet état d'insécurité, si vous écartez, si vous bafouez toutes les forces, organisation ouvrière internationale d'un côté, initiative démocratique de l'autre, qui peuvent mettre obstacle au régime de la violence et de la guerre, prenez garde, ou plutôt prenons garde tous ensemble.

La guerre et les commotions intérieures.

Aujourd'hui, sachons-le bien, toute grande commotion européenne sera inévitablement le signal de grandes commotions sociales, la guerre créera nécessairement, inévitablement en Europe une situation révolutionnaire. Vous l'avez vu par l'exemple récent de la Russie : toutes les fois qu'une société porte en elle des principes de conflits intérieurs, toutes les fois qu'il y des luttes ardentes non seulement entre les partis, mais entre les classes, toutes les fois qu'un monde nouveau essaie de s'organiser, d'arriver à la lumière et au pouvoir, si cette société est surprise à l'état de conflit intérieur par le drame de la guerre extérieure, tous les éléments de conflit qu'elle porte en elle éclatent inévitablement.

Je le répète, vous en avez vu l'exemple en Russie et là, il y avait pour ceux qui sont attachés au progrès humain une sorte de consolation, car il est possible d'imaginer que, dans l'état d'ensevellissement où était la liberté du peuple russe, la commotion d'une guerre extérieure était nécessaire à la résurrection du peuple ; mais, dans l'Europe centrale et occidentale, là où la classe ouvrière dans la démocratie, dans un commencement de liberté commence à s'organiser normalement pour la conquête du pouvoir et pour la transformation sociale, la guerre extérieure provoquera sûrement de vastes et profondes commotions, mais des commotions funestes parce que les éléments de réaction, de dictature, de nationalisme sauvage se heurteront aux éléments révolutionnaires et, dans cette confusion sanglante, dans ce chaos détestable, la révolution sociale continuera sans doute son chemin, mais trébuchante, à demi-aveugle, grisée d'une inévitable fureur.

Et nous, que vous dénoncez comme des hommes de violence, nous, qui voulons organiser la lutte efficace de la classe ouvrière contre le privilège du capital, nous voudrions, au moins, écarter de cette lutte nécessaire et féconde tous les troubles, tous les désordres, toutes les violences sauvages, tout le mélange de réactions et de fureurs que la guerre extérieure déchaînerait aujourd'hui dans les sociétés européennes. (*Applaudissements.*)

Mais, enfin, si ce drame éclate, si les dirigeants de l'Europe, par leur imprévoyance ou par leur égoïsme, soumettent le monde à cette détestable épreuve, quelle sera l'attitude et le devoir du prolétariat? Son devoir sera double et il aura besoin de tout le génie qu'il a déjà développé depuis un siècle dans l'histoire pour suffire à l'immensité de sa double tâche. Il devra, par un double effort, promouvoir, faire surgir dans cette tourmente *un ordre social nouveau, affranchissant le travail et organisant la paix,* et, en même temps, il devra veiller à ce que l'indépendance nécessaire des nations, l'intégrité nécessaire des patries ne fasse pas les frais de la catastrophe déchaînée par l'imprévoyance des dirigeants.

Le prolétariat révolutionnaire est le garant de l'indépendance nationale

Toujours, depuis cent vingt années, toutes les fois qu'il y a eu en Europe une grande crise mêlée de guerre extérieure et de révolution intérieure, toujours la classe ouvrière européenne a veillé, a suffi à ce double devoir : créer un ordre nouveau de justice sociale et sauver l'indépendance de la nation. C'est l'œuvre des prolétaires de France au 10 août 1792; du même coup ils abattent avec la royauté les vieilles puissances d'arbitraire et d'oppression, et ils refoulent l'envahisseur appelé sur le pays par la royauté traîtresse. Un peu plus tard, au 31 mai 1793, le peuple ouvrier de Paris s'aperçoit que la Révolution est confisquée, débilitée par la nouvelle aristocratie bourgeoise dont les Girondins étaient les chefs, et il fait contre la Convention, contre la partie girondine de la Convention, les journées du 31 mai et du 1er juin pour donner à la Révolution un élan plus populaire et en même temps pour fortifier contre l'étranger la défense nationale, affaiblie par les hésitations des dirigeants nouveaux.

C'est le même phénomène en 1815, quand les ouvriers des faubourgs, luttant jusqu'à la dernière heure, essaient de sauver tout ensemble l'indépendance nationale et la Révolution indivisiblement menacées par la même invasion mêlée d'étrangers et de royalistes. Et au 4 septembre... Ah! je l'avoue, je ne comprends pas l'hésitation de certains républicains depuis quelques jours à reconnaître qu'au 4 septembre, même devant l'ennemi, les républicains ont voulu se débarrasser de l'Empire. On dit que l'Empire s'était écroulé déjà et je le veux bien. Je vous accorde aussi que le peuple de Paris lorsqu'il a envahi le Corps législatif se préoccupait d'ajouter aux moyens de défense de la nation, mais ce que je ne comprends pas, c'est que vous essayiez de diviser, de séparer ces faits.

Vous paraissez chercher une excuse dans l'heure tardive, trop tardive où s'est produite la Révolution du 4 septembre (*Très bien! Très bien! à l'extrême gau-*
le parti républicain n'aurait pas dû hésiter un long mois,
che.) un trop long mois, il aurait dû suivre les conseils d'une partie de Paris. Mais rappelez-vous, l'anecdote : M. Jules Grévy arrêtant M. Eugène Pelletan devant le tableau qui est dans notre salle de conférences et qui représente les bourgeois de Calais en chemise et la corde au cou, lui dit — c'était quelques jours à peine avant le 4 septembre — mon cher ami, si nous avions écouté ceux qui nous conseillaient l'autre jour d'abattre dès maintenant l'Empire, voilà ce que nous serions à cette heure.

Eh bien, Messieurs, s'il n'y avait pas eu ces hésitations, si l'Empire avait pu être renversé avant que fût survenu ce que vous appelez, vous, son effondrement, mais qui était en même temps l'effondrement de la patrie, (*Applaudissements*) si la République proclamée dès le premier jour de la guerre, et avant le grand désastre avait pu épargner au pays, cette abominable aventure de Sedan qui fut la conséquence de préoccupations dynastiques (*Applaudissements*), la République, j'imagine, n'aurait rien perdu de sa légitimité. Nous nous accorderons à proclamer, laissant ces subtilités rétrospectives, que le peuple de Paris lorsqu'il a, au 4 septembre, proclamé la République, a voulu tout ensemble et indivisiblement sauver la patrie menacée et débarrasser la nation d'un ignominieux régime de corruption et de servitude. (*Nouveaux applaudissements.*)

Au 31 octobre, quand se produisit, sous la direction de Blanqui, dont nos adversaires affectent aujourd'hui de nous opposer le patriotisme, cette tentative révolutionnaire du 31 octobre, quel était toujours le double mot d'ordre, quel était le double programme de la Révolution populaire? Sauver la République, qui se perdait peu à peu, par faiblesse pour la réaction (*Mouvements divers*), et sauver la patrie, qui ne pouvait trouver un vigoureux et invincible ressort que dans la force de la pensée républicaine et populaire.

La Commune même, est sortie de ces deux sources confondues, de ces deux pensées mêlées, protestation contre la réaction versaillaise, protestation contre la capitulation qui risquait de livrer à l'ennemi une partie du territoire de la France. Ainsi, j'ai le droit de dire que toutes les fois, depuis cent vingt années, qu'une grande crise sociale et nationale a sollicité à l'action le prolétariat de France, il a sauvé, du moins dans la mesure de ses forces, il a défendu, tout ensemble par un double effort indivisible un idéal supérieur de liberté politique et de justice sociale et l'indépendance, à ses yeux inviolable, de la nation. (*Applaudissements.*)

On dit qu'il est malheureux que cela se passe toujours en présence de l'ennemi. Mais il ne dépend ni de moi, ni de vous, de rayer de l'histoire le 10 août 1792 et le 4 septembre 1870 et, si vous voulez que les révolutions intérieures ne s'accomplissent pas devant l'ennemi, pourquoi donc faites-vous obstacle aux tentatives passionnées, je dirais presque aux tentatives désespérées, que nous renouvelons sans cesse, pour prévenir précisément et par l'arbitrage et par l'action internationale des ouvriers ces guerres extérieures? (*Applaudissements.*)

Mais je dis que si des tourmentes nouvelles l'y obligent, si le double tourbillon d'une révolution intérieure et d'une guerre extérieure vient à se mêler en une sorte de cyclone, le prolétariat, fidèle à sa mission séculaire, aujourd'hui comme hier, demain comme aujourd'hui, *fera surgir d'un même effort la justice sociale et l'indépendance nationale.*

L'antipatriotisme et le parti socialiste

Vous nous objectez sans cesse quelques paroles, quelques théories d'un des nôtres, vous m'objectez les théories de Gustave Hervé. (*Mouvements divers.*) Vous m'avez sommé bien des fois de les désavouer. Messieurs, j'ai discuté contre lui, j'ai argumenté contre lui et dans notre parti nous ne connaissons, nous ne voulons connaître dans nos débats avec les militants du même parti, d'autre règle et d'autre sanction que la discussion elle-même (*Applaudissements.*) Vous n'obtiendrez de nous, en réponse à des théories même réfutées par nous, aucune mesure brutale, ni humiliante.

Il n'y a pas d'idée, même l'idée de patrie qui soit à nos yeux un dogme intangible, soustrait à toute discussion et à toute critique. S'il y a des militants de notre parti qui l'interprètent, qui la critiquent en un sens qui n'est pas approuvé par nous, nous discutons avec eux ; nous essayons de les réfuter, nous essayons de persuader librement à notre parti qu'il se trompe ; mais quant aux mesures par lesquelles nous serions tenus de briser, selon vous, toute solidarité, c'est une lâcheté, un abandon de l'esprit critique que nous ne permettons pas. (*Vifs applaudissements.*)

Je serais d'ailleurs plus libre de discuter contre lui à cette tribune même si le Conseil de l'Ordre n'avait pas, par un monstrueux attentat contre la liberté d'opinion et la liberté de conscience (*Applaudissements*) refusé à un homme, à un citoyen, le droit d'être inscrit au barreau sous prétexte qu'il apportait contre l'idée de patrie des critiques qui heurtent la conscience de la majorité.

J'ai la pleine liberté de dire que je ne suis pas inquiet, pour la sécurité, pour la liberté nationale de la France républicaine, des sophismes ou des paradoxes qui ont pu se produire. Ils ne prévaudront pas contre la tradition révolutionnaire et contre le sens profond de la classe ouvrière. J'ose dire, sans jouer des mots, que plus les ouvriers seront révolutionnaires, plus ils le seront délibérément, consciemment, plus ils comprendront aussi la nécessité de défendre toujours, de sauver toujours l'indépendance de la nation. (*Très bien! très bien! et applaudissements.*)

Le prolétariat socialiste et la patrie

Qu'est-ce que la Révolution? C'est le suprême effort vers l'entière liberté politique et sociale. Et comment la liberté des individus serait-elle possible dans l'esclavage des nations? (*Nouveaux applaudissements.*)

L'humanité n'a pu organiser encore en un système unique, en une vaste harmonie tous ses éléments disséminés et dissemblables; elle n'a pu procéder encore à l'organisation totale de ces éléments; elle n'a pu réaliser que des organisations partielles qui sont les nations, qui sont les patries. Certes, à l'intérieur de ces nations, subsistent encore bien des inégalités, bien des servitudes, bien des violences, mais du moins, quelles que soient encore à l'intérieur des nations, à l'intérieur des patries, l'iniquité, la violence, la tyrannie des classes, il y a cependant un commencement de garanties politiques, un commencement de discussion, et ce n'est pas la pure force brutale, la pure force rudimentaire, telle qu'elle sévissait sur l'humanité primitive, qui règle seule les rapports des citoyens entre eux. Au contraire, tandis qu'à l'intérieur de chaque nation un commencement d'état social a pu se constituer, de nation à nation, surtout lorsqu'est déchaînée la guerre, c'est encore l'état de la nature qui s'est prolongé, le règne de la pure force brutale.

Et lorsqu'une nation subit, ou par la conquête ou

nême seulement par la menace de la conquête, cette ıtteinte brutale de la force extérieure, rudimentaire et ;rossière, lorsque l'organisme incomplet de contrat, de ustice insuffisante, mais commençante qui s'appelle la ɔatrie, est lésé par le fer, par le couteau qui vient du lehors, alors c'est l'état de nature, c'est la brutalité sauvage et primitive qui s'installe au cœur même des ıations (*Applaudissements à gauche*) et c'est la rétro-gradation absolue de la race humaine.

La révolution, messieurs, elle ne peut pas seulement se réaliser par quelques formules, elle a besoin de la ibre énergie des hommes. Il faut qu'elle développe, ıu'elle exalte en eux toutes les puissances de la vie. Or, l n'est rien qui déprime toutes les forces de la vie, il ı'est rien qui les atteigne jusqu'en leurs racines physio-ogiques comme le régime de la conquête. (*Applaudis-sements.*)

Et c'est pourquoi nous n'avons pas besoin de redouter, ɔour l'indépendance et pour la sécurité de la patrie, la roissance de la force révolutionnaire de la classe ɔuvrière organisée.

Ne prenez pas au pied de la lettre, ne prenez pas au not ceux des ouvriers qui disent que, pour les prolé-aires, il n'y a pas de patrie; ils veulent marquer seule-nent par là, dans l'amertume de leur pensée, dans la évolte de leur conscience, *l'insuffisante part de iberté, de justice, de garanties et de droits qui eur est trop souvent ménagée dans la cité d'au-ourd'hui.* (Applaudissements.)

Ah! certes, je ne prétends pas que, même aujourd'hui, surtout dans les pays de démocratie, les ouvriers soient ɔleinement des étrangers dans la patrie. Ils y ont con-ıuis des droits qui sont doublement précieux pour eux, l'abord parce que ces droits commencent à protéger, à aciliter leur action pour des conquêtes ultérieures, et ensuite parce que ces droits sont en grande partie leur œuvre. Que seraient, je vous le demande, les libertés ɔolitiques dans ce pays, si, depuis cent vingt années, la classe ouvrière n'avait pas donné à tous les mouvements d'émancipation sa vaillance, sa force, son désintéressement ? (*Applaudissements*) Aussi, je sais bien que lorsqu'ils paraissent répudier la liberté, la patrie d'aujourd'hui, ils parlent comme le père qui affecte un jour de répudier le fils, parce que le fils ne grandit pas selon l'idéal qu'il s'en est formé ; mais il sait bien qu'il est l'enfant de son cœur et de sa chair. La liberté, c'est l'enfant de la classe ouvrière (*Applaudissements*) née sur un grabat de misère et de mine chétive encore, mais qui porte en soi une incomparable vitalité secrète, et dont le regard de flamme appelle la liberté d'un monde nouveau.

Ce n'est pas seulement dans l'ordre des libertés politiques que les ouvriers, que les travailleurs si déshérités soient-ils encore, sont dès maintenant en communication avec la patrie ; c'est dans l'ordre même de la pensée.

Oui, on a raison de dire que, trop souvent, la beauté des chefs-d'œuvre où est condensé le génie de la France, est pour les ouvriers, pour les prolétaires, ou trop ignorants encore, ou dévorés par la besogne de chaque jour, un livre fermé. Mais ce n'est pas seulement par les livres, c'est par une tradition vivante et active que toute la pensée de la France s'incorpore peu à peu à l'esprit de la classe ouvrière, à l'esprit du prolétariat. Les ouvriers du dix-huitième siècle avaient très peu lu et Voltaire, et Rousseau, et Diderot, et l'Encyclopédie, et pourtant, lorsqu'au début de la Révolution, dans le cours de la Révolution, ils eurent besoin de défendre contre l'Église, les libertés révolutionnaires naissantes, ils s'approprièrent, en quelques mois, toute la critique voltairienne, et c'est seulement dans les ouvriers de nos faubourgs qu'elle a gardé toute sa vivacité et toute son étincelle. (*Applaudissements.*)

Ils n'avaient pas lu Jean-Jacques Rousseau, mais lorsque la Constituante créa des citoyens actifs et des citoyens passifs, lorsque le peuple eut besoin, pour défendre son droit, de proclamer l'entière démocratie, c'est lui et lui seul qui s'assimila et appliqua jusqu'au bout dans ses conséquences ultimes le principe que Jean-Jacques avait proposé.

De même les ouvriers n'ont pas eu besoin de lire ce qui, dans l'Encyclopédie, touche aux détails techniques de l'industrie, ce qui glorifie le travail manuel; ils n'ont pas eu besoin de cette lecture pour prendre peu à peu conscience dans la démocratie, dans la patrie, de la dignité, de la beauté, de la puissance du métier manuel exercé par eux. Et maintenant, lorsque tous ensemble, syndicats fédérés aux syndicats, fédérations de métiers réunies aux fédérations de métiers, lorsque tous ensemble ils groupent dans une organisation harmonieuse toute la volonté de l'industrie ouvrière, ils réalisent une sorte d'encyclopédie vivante qui est l'accomplissement de l'Encyclopédie du XVIIIe siècle. (*Applaudissements.*)

L'autonomie polonaise et la Révolution russe.

Dès aujourd'hui, par la liberté, par la démocratie, par la République, par la tradition vivante des libertés intellectuelles, le prolétariat n'est pas un étranger dans la patrie; mais même s'il l'était pleinement, c'est encore dans la liberté maintenue de la nation, dans l'indépendance nationale sauvée que serait pour lui la garantie des conquêtes et du développement de demain. Il le sait bien et vous pouvez constater à l'heure tragique qui se déroule à l'orient de l'Europe, comment dans la conscience du prolétariat révolutionnaire, l'idéal de la liberté ouvrière et de l'autonomie nationale est indissolublement liée.

Ah! certes, les Polonais, à cette heure, ne cherchent pas à s'isoler de la Russie par la reconstitution artificielle d'un état nu, d'une nation nue, mais ils revendiquent indivisiblement leur liberté nationale, leur liberté politique, la liberté de leur langue, la liberté de leur action, la liberté de leur travail et ils mettent au service de toute la Révolution russe, de toute l'émancipation russe, la double force qu'ils puisent dans leur conscience nationale indomptable et dans leur conscience ouvrière grandissante. (*Applaudissements.*)

C'est là la vraie revanche, c'est là l'accomplissement

de ce que notre grand orateur appelait la justice immanente; les Etats de violence, de partage, de brutalité, s'imaginaient en avoir fini avec elle; ils s'imaginaient qu'à jamais elle était morte et pour qu'elle ne pût jamais, sans un souffle de réssurection, recueillir ses ossements, se lever de nouveau, ils les avaient dispersés dans trois sépulcres et voilà que malgré cet envellissement, malgré ces dispersions, devant les puissances de tyrannie qui se croyaient maîtresses à jamais, la conscience nationale polonaise se lève, mêlée à la conscience révolutionnaire russe, dans la même racine, dans le même fond de liberté, affirmant ensemble l'autonomie nationale et l'autonomie ouvrière, toutes les libertés liées. (*Vifs applaudissements.*)

Le prolétariat ne veut pas être dupe.

S'il est vrai, comme j'ai essayé de démontrer par l'analyse même de la tradition de la classe ouvrière et de sa conscience révolutionnaire, que, pour elle, l'indépendance de la nation et l'émancipation sociale sont inséparables, il ne faut pas qu'il y ait d'équivoque : elle défendra la liberté de la patrie, mais elle ne sera pas dupe de ceux qui essayent d'exploiter l'idée de patrie elle-même dans un intérêt de classe, et elle essayera, par un incessant effort, de substituer à une patrie d'inégalité et de privilège *une patrie de pleine égalité sociale qui s'harmonise par là même avec les autres patries.* C'est à cet effort, que s'emploient à cette heure toutes les énergies de la classe ouvrière. Elles prennent une forme nouvelle, la forme du syndicalisme révolutionnaire sur laquelle il ne faut pas que vous vous mépreniez. C'est une injustice, c'est un enfantillage de juger, comme on le fait trop souvent, cet effort d'organisation syndicale des ouvriers par quelques propos étourdis, excessifs, outranciers. C'est dans leurs tendances générales, essentielles, permanentes, qu'il faut juger les institutions.

Je ne méconnais pas la part d'erreur, la part d'illusion

qui a pu se mêler parfois depuis quelques années à la théorie et même à ce qu'on pourrait appeler la politique du syndicalisme révolutionnaire. Je crois qu'il se trompe lorsqu'il essaie de discréditer aux yeux de la classe ouvrière l'action proprement politique, l'action électorale et parlementaire, la conquête du suffrage universel, la conquête de l'État.

Si puissante que soit l'action du prolétariat organisé dans ses syndicats, dans ses Bourses de travail, dans sa Confédération du travail, elle n'aboutira à l'émancipation complète et à l'organisation d'une société nouvelle que *par l'harmonie de la pleine action politique de classe et de la pleine action économique de la classe ouvrière.*

Je crois en même temps que c'est une erreur pour le syndicalisme révolutionnaire d'opposer la classe ouvrière à la démocratie. Il prétend que la démocratie affaiblit, éparpille la volonté du peuple, l'atténue à n'être plus qu'une volonté indirecte et lointaine, parce qu'elle s'exerce nécessairement par des mandataires, par des délégués dont le mandat trop général et trop étendu rend le délégué, en quelque mesure, indépendant de la volonté et de la pensée des mandants eux-mêmes.

Mais, ce n'est pas en affaiblissant l'action politique; c'est, au contraire, en la fortifiant, en fortifiant l'organisation politique du parti de la classe ouvrière qu'elle remédiera à ce vice et à ce péril. D'ailleurs, à mesure que la classe ouvrière étendra son organisation syndicale, elle sera obligée elle même d'exercer la volonté commune des ouvriers organisés, par des délégués, par des mandataires.

Enfin, il ne suffira pas aux ouvriers d'organiser leurs forces propres. Même si par la seule action syndicale, même si par la réussite soudaine du syndicalisme révolutionnaire, ils parvenaient à s'emparer subitement du pouvoir, ils seraient obligés d'organiser, d'incorporer à la société nouvellement fondée par eux non seulement les éléments proprement ouvriers, mais l'ensemble des citoyens; ainsi ils seraient obligés à leur tour, pour réaliser dans sa plénitude l'ordre social nouveau, de pratiquer sous la forme ouvrière et dans l'intérêt du prolétariat, une politique de démocratie.

Mais, s'il y a là une part d'illusions inévitable, ce qui doit appeler l'attention de tous les gouvernants, de tous les élus, c'est tout d'abord ceci : c'est que les ouvriers aspirent de plus en plus à constituer une force distincte, une force autonome, capable d'agir sur l'ensemble du mouvement social dans l'intégrité de sa pensée.

Signification sociale du syndicalisme

Nous, mêlés comme socialistes à la bataille politique, cherchant par la loi même de notre action à étendre influence sur le suffrage universel, sur la démocratie mêlée de forces diverses; nous, cherchant à obtenir dans les Parlements des résultats immédiats, des réformes immédiates, nous pouvons être entraînés par la logique même de notre action à des concessions outrées, à des compromissions dangereuses; nous pouvons parfois être tentés d'oublier le but final de l'action du prolétariat, l'entière rénovation sociale dans laquelle ce sont les travailleurs, les salariés d'aujourd'hui qui seront la coopération sociale, les maîtres de la production; et il est bon que dans les syndicats, dans les bourses du travail, dans la confédération du travail, dans l'unité ouvrière distincte, constituée, organisée, la conscience du prolétariat reste à l'état de force autonome, je dirai de force aiguë.

Il est bon, il faut que quelque part le ressort de la force ouvrière, le ressort de la pensée ouvrière soit ramassé sur lui-même, de façon à agir par une détente vigoureuse sur l'ensemble des forces sociales.

Voilà, messieurs, quel est, de plus en plus, le sens nouveau ; voilà quelle est la signification sociale du syndicalisme révolutionnaire. Et, par une conséquence inévitable, en même temps que les ouvriers se ramassent, pour ainsi dire, se recueillent ainsi sur le centre même de leur vie et de leur pensée, en même temps qu'ils constituent de plus en plus une force distincte, capable de traverser sans s'y émousser, sans s'y perdre, toute l'épaisseur des résistances sociales, les ouvriers sont naturellement conduits à user dans la bataille du moyen d'action, du moyen de combat qui dérive de la vie ouvrière elle-même. Pour avoir des lois, lois nécessaires, lois qu'il ne peut renoncer à conquérir, le prolétariat ouvrier est obligé d'attendre que bien des éléments qui lui sont ou hostiles ou réfractaires ou indifférents, aient été peu à peu conquis. Mais il y a une force qui est en lui, une force qui est en lui-même; cette force c'est son propre travail, c'est sa puissance de production, c'est la quotidienne énergie de travail ouvrier qui produit tout, qui fait aller du matin au soir tous les rouages de la machine sociale. (*Applaudissements.*)

Naturellement, invinciblement, sans que vous puissiez, si vous êtes vraiment des hommes politiques attentifs et et clairvoyants, imputer à quelques excitateurs, à quelques meneurs la responsabilité de ce mouvement social, de cette déduction sociale, invinciblement les ouvriers organisés sont amenés à se dire que, puisque c'est leur force de travail qui produit tout, qui soutient tout, qui entretient tout, ils sont conduits à se dire qu'une défaillance, qu'une suspension volontaire et concertée de cette force de travail obligerait les pouvoirs publics, obligerait la société à prendre conscience précisément de la nécessité et de la puissance du travail et de la valeur de ses droits. (*Applaudissements.*)

Ah! les législateurs ne sont qu'à moitié attentifs! Ah! ils s'imaginent avoir apaisé le mouvement ouvrier, lorsqu'ils ont atténué seulement quelques-unes des conséquences du régime capitaliste! Eh bien, nous allons leur montrer, nous allons leur rappeler que *le travail a droit à tout, puisqu'il est tout.* (Applaudissements.)

Et pour leur rappeler qu'il est tout, nous allons leur montrer que tout s'arrête dès qu'il se dérobe. (*Nouveaux applaudissements.*)

Voilà, quelle est la signification profonde, la signification sociale de cette pensée de grève générale qui est imminente à l'organisation ouvrière. (*Applaudissements.*)

Il y a cent vingt années, Mirabeau, dans sa tournée de Provence, contre les nobles, contre les privilégiés, leur jetait ce cri admirable : « **Prenez garde d'irriter ce peuple qui produit tout, ce peuple qui, pour être formidable, n'aurait qu'à être immobile !** (*Applaudissements*)

Messieurs, le syndicalisme révolutionnaire a recueilli, au profit du prolétariat ouvrier, la grande parole de combat que le grand orateur du Tiers-Etat jetait aux privilégiés sur le seuil de la Révolution. Je le répète, c'est là le sens de la grève générale. Dans les pays qui ont déjà conquis la liberté politique; là où la liberté politique n'est pas encore, comme en Russie, comme en Autriche-Hongrie, les travailleurs se servent de la grève générale pour conquérir le droit politique, pour conquérir le suffrage universel; là où ils l'ont conquis, ils s'en servent, par un effort nouveau, pour rappeler au suffrage universel qu'il ne sera une vérité universelle que lorsqu'il sera fondé *sur l'universelle propriété sociale* et non plus sur la propriété oligarchique (*Applaudissements*).

Ainsi, messieurs, le syndicalisme révolutionnaire, qu'il est puéril, je le répète, de juger par ses escapades de plume ou de parole, est tout à la fois une idée nouvelle et un moyen d'action nouveau; et ce moyen d'action, le prolétariat organisé le met au service de sa renvendication sociale, au dehors comme au dedans, je veux dire qu'il est décidé à en user pour conquérir la pleine justice sociale par la transformation de la propriété; *comme il est décidé à en user pour arracher la direction de la patrie à ceux qui abuseraient d'elle pour la jeter malgré elle, malgré le peuple, dans des guerres d'aventure et d'agression.* (*Applaudissements.*)

Eh bien, c'est la force en face de laquelle vous vous trouvez, et ce que vous avez à décider, c'est l'attitude que vous allez prendre à l'égard de cette force.

Vous commettez une erreur, une imprudence singulières lorsque vous essayez de vous armer contre elle de telle ou telle phrase prononcée par tel ou tel militant; c'est un mouvement vaste, c'est un mouvement profond, c'est un mouvement nécessaire. Sous prétexte de réprimer quelques propos antimilitaristes, le gouvernement chasse les syndicats, la confédération de la Bourse du Travail municipale. A quoi aboutirez-vous? Déjà les syndicats se cotisent et s'organisent pour se créer une Bourse de Travail libre; irez-vous les y traquer, les y pourchasser? Vous serez bien obligés là, sous peine d'un véritable coup d'Etat contre la classe ouvrière d'y respecter leur liberté.

Les dangers d'une politique de réaction

Dès lors, par l'acte que le préfet de la Seine a accompli sous la responsabilité du gouvernement, vous n'avez pas affaibli d'une parcelle, vous n'avez pas diminué d'un atome la force réelle du prolétariat organisé, mais vous avez permis à ce prolétariat organisé de dire, de penser que la République gouvernementale s'est hâtée de saisir la première occasion, le premier prétexte de frapper là où elle le pouvait, la force d'organisation des ouvriers.

Eh bien, cela est mauvais. Cela est mauvais pour la République beaucoup plus que pour la classe ouvrière; cela est mauvais pour l'attitude générale du gouvernement républicain; cela est mauvais pour la conduite générale des affaires de la France dans le monde.

Je vous l'ai dit, j'ai tenté de vous le démontrer, c'est, Messieurs, ma conviction profonde : quelque débile que soit encore, je le reconnais, la force d'organisation internationale des prolétaires, elle est pourtant, à l'heure présente, la seule force qui puisse faire obstacle au torrent de la guerre soudainement déchaîné. (*Applaudissements à l'extrême gauche.*)

Eh bien, pour vous qui êtes un grand peuple de liberté et de paix, pour vous qui ne voulez pas livrer l'Europe et le monde au hasard des entreprises sanglantes, pour vous qui avez besoin de propager dans toute l'Europe, par votre exemple même, cet idéal de liberté et de paix, c'est une faute capitale contre la nation elle-même que de paraître décourager, que de paraître discréditer, que de paraître rejeter comme dangereuse et impie cette classe ouvrière qui, vous le savez bien, jusque dans ses plus grandes audaces de parole, reste attachée passionnément à l'indépendance de la nation, mais qui ne veut pas, précisément, que la nation soit entraînée, qu'elle soit engagée, qu'elle soit jetée dans des entreprises de hasard et de barbarie; force de lumière, force de paix, voilà ce que vous n'avez pas le droit d'atteindre. (*Applaudissements.*)

Conclusion

Ceux qui ont lu et relu avec attention le discours de Jaurès auront compris que l'idéal socialiste est un idéal de paix et de fraternité et ne peut être que cela.

Ceux qui honorent le travail et le travailleur détestent la guerre et le saccageur.

Les gaspillages en forces, en énergies, en argent, en vies humaines au profit d'un militarisme stupide et déshonorant sont énormes et nous attristent le cœur.

Pour notre seul petit pays nous voyons les budgets annuels augmenter sans cesse et rapidement.

Voici, d'après l'*Annuaire officiel*, le chiffre des dépenses ordinaires (Administration centrale, État-majors, solde des troupes, matériel du génie, fourrages et nourriture, secours, etc.).

Ces dépenses sont calculées par année :

En 1840	fr.	30,802,193	par an
» 1850	»	33,185,766	»
» 1870	»	59,116,612	»
» 1902	»	62,313,260	»

Dans ce tableau ne figurent pas les dépenses dites extra-ordinaires (constructions de forteresses, fortins, redoutes, lignes stratégiques, routes militaires, les gros armements, etc. etc.)

Ces dépenses n'ont d'*extraordinaire* que leur chiffre très élevé, mais se répètent avec une régularité désespérante et ne diminuent jamais.

Ainsi nous trouvons dans l'*Annuaire officiel :*

1) *Travaux d'Anvers et de Termonde* (lois du 24 mai 1892) : **97.760.395** francs.

2) Armement de la garde civique : **3.895.225** fr.

3) Tir national (loi du 1 sept. 1393 : **1.272.281** fr.

4) Casernes (lois de 1892-93 et 1894) **46.995.501** fr.

5) Armement de l'Infanterie et de l'Artillerie (lois de 1892 et 1894) : **65.233.431** francs.

6) Fortifications de la Meuse (loi du 1 sept. 1893) : **73.145.474** francs.

7) Dépenses habillements, harnachements, etc. : **3.268.759** francs.

Ce qui fait — de 1830 à 1890 — plus de **300 millions** de dépenses extra-ordinaires, sans compter les petits millions, qui d'une façon ou d'une autre, ont été portés en compte sous d'autres dénominations, dans d'autres budgets, mais qui bel et bien sont imputables indirectement à la défense dite nationale !!

*
* *

Le chiffre de l'effectif général de l'armée augmente aussi d'année en année.

Voici ces effectifs d'après les renseignements fournis par le Ministère de la Guerre :

En 1870	97,093	hommes
» 1880	108,643	»
» 1900	163,751	»
» 1902	167,072	»
» 1903	169,292	»

*
* *

Notre ami Bertrand a calculé que l'armée coûte beaucoup plus à la nation que ne le mentionne le budget de la guerre.

Il est arrivé au résultat suivant :

Budget de la guerre . . .	fr.	55.350.000
Gendarmerie.	»	8.724.000
Pensions militaires.	»	5.477.000
Rémunération	»	14.031.000
Servitudes	»	85.000
Part de la Rente (Dette) . .	»	11.400.000
Soit au total par an	fr.	**95.067.000**

*
* *

Tous ces chiffres sont à retenir. Usons en partout, et répétons partout que le seul budget de la guerre absorbe en Belgique plus que les budgets de la Justice, de l'Intérieur, de l'Instruction publique, de l'Agriculture et du Travail ensemble ! ! !

Propageons partout l'idée de la paix universelle et de l'Internationale prolétarienne, seule à même de rendre les guerres fratricides impossibles et d'arrêter enfin les flots toujours grossissants des dépenses militaristes, qui pour l'Europe seule se chiffrent déjà à la somme colossale de plus de **3 milliards de francs** par an ! !

Guerre à la Guerre !
Paix à l'ouvrier !
Honneur au travail créateur !

A. BOGAERTS

Bulletin de souscription

Je soussigné désire reçevoir les brochures qui paraissent en **GERMINAL** *du 1r Mai 1905 jusqu'au 30 Avril 1906. — Prix de l'abonnement* **1** *fr. par an pour la Belgique; pour l'étranger :* **2** *fr. l'an.*

Nom et prénoms ______________________________

rue ______________________________ *No* ________

à ______________________________

www.ingramcontent.com/pod-product-compliance
Ingram Content Group UK Ltd.
Pitfield, Milton Keynes, MK11 3LW, UK
UKHW020357250726
13967UKWH00005B/2329

9 782013 058834